Tiere unserer Heimat

Die schönsten Bilder junger Tiere

Ravensburger Buchverlag

Inhalt

Auf dem Land

Die Zwergmaus baut ihr Nest zwischen hochgewachsenen Getreidehalmen, der Stieglitz nistet im dichten Grün einer Hecke oder in einem Baum und das Wildkaninchen versteckt seine Jungen im sicheren Bau unter der Erde. Die Biene ist im Frühling Stammgast auf den Blüten der Wiesen- und Feldblumen, mit deren Blütenstaub und Nektar sie ihren Nachwuchs ernährt. Schmetterlinge flattern umher und legen ihre Eier schließlich auf den Blättern von Pflanzen ab, an denen sich die kleinen Raupen später stärken. Die Felder und Wiesen unserer Heimat bieten vielen Tieren eine Kinderstube und im Frühling tummeln sich hier Tierfamilien mit ihren Kleinen. Die meisten Tierjungen lernen von ihren Eltern, wie sie sich ernähren und vor Feinden schützen können. Manche kommen sofort nach der Geburt allein zurecht. Die Tiere unserer Heimat leben ganz unterschiedlich und es ist spannend, ihre Kleinen beim Aufwachsen zu beobachten und ihre ersten Schritte zu begleiten.

Wildtiere sieht man im Frühling überall auf dem Land. In der Abenddämmerung kommen besonders viele Wildkaninchen aus ihren Bauen hervor und fressen das frische Gras der Wiesen.

Das junge Kaninchen

Es ist Nacht. Eine Kaninchenmutter kehrt zu ihrem Bau zurück und wühlt den Eingang frei. Sie schlüpft in den kleinen Gang unter der Erde. Er führt zu einem behaglichen Nest, in dem die jungen Kaninchen eng aneinandergekuschelt auf die Rückkehr ihrer Mutter warten. Das Nest ist mit Haaren ausgekleidet, die sich die Kaninchenmutter aus ihrem Bauchfell gerupft hat. Sie kommt ein- bis zweimal am Tag in den Bau, um ihre Jungen zu säugen. Damit der Fuchs ihren Nachwuchs nicht findet, verschließt die Kaninchenmutter den Gang nach jedem Besuch sorgfältig mit Erde.

Wildkaninchen können in Gebirgen bis zu 2000 Metern Höhe leben.

Die jungen Kaninchen sind Nesthocker: Sie bleiben einige Zeit nach der Geburt noch in ihrem Bau. Nach drei bis vier Wochen kommen sie das erste Mal aus der Erde. Von da an müssen sie lernen, ohne die Hilfe ihrer Mutter zurechtzukommen.

Wer bin ich?

Das Europäische Wildkaninchen

Klasse: Ich gehöre zur Klasse der Säugetiere. Ich bin kein Nager, sondern gehöre zu den Hasenartigen und bin Pflanzenfresser.

Größe: Ausgewachsen messe ich von meiner Nasen- bis zur Schwanzspitze 38 bis 45 Zentimeter.

Gewicht: Ich wiege durchschnittlich 1,5 bis 2 Kilogramm.

Merkmale: Ich habe graubraunes Fell und eher kleine Ohren. Mit meinen kräftigen Krallen wühle ich die Erde auf und hebe meinen Bau aus. Ich habe lange Hinterläufe und kann bis zu 1,50 Meter weite Sprünge machen.

Wissenschaftlicher Name:
Oryctolagus cuniculus

Ein Leben in Gemeinschaft

Mit drei bis vier Wochen ist das junge Kaninchen groß genug, um die Welt zu entdecken. Es wiegt etwa 150 Gramm und trägt ein schützendes Fell. Seine Mutter wird es zwar noch ein paar Tage säugen, es knabbert aber auch schon pflanzliche Kost.

Kaninchen leben stets in großen Gruppen, sogenannten Kolonien, zusammen. Meist kommen die Tiere erst während der Abenddämmerung oder bei Nacht aus ihren Bauen. Im Kreis der vielen kleinen Kaninchen fressen und spielen die Jungtiere. Wenn Gefahr droht, schlagen die erwachsenen Tiere mit ihren Hinterläufen auf die Erde und warnen so die anderen Mitglieder der Kolonie.

Wenn es geboren wird, ist das Kaninchen nackt und blind. Nach acht Tagen fängt das Kaninchenfell an zu wachsen. Nach weiteren zwei Tagen öffnen die Kleinen ihre Augen.

Die Kindheit voller Spiele und Raufereien ist kurz: Kaninchen können schon mit fünf Monaten trächtig werden.

Unter der Erde zu Hause

Kaninchen gehen niemals weit von ihrem Bau weg, denn nur so können sie sich bei Gefahr schnell in Sicherheit bringen. Die Öffnung der Erdhöhle ist mit nur 12 Zentimetern Durchmesser sehr eng – Füchse und Hunde haben da keine Chance! Im Bau können sich die Kleinen ausruhen und vor Hitze, Kälte und Regen schützen.

Das junge Kaninchen putzt sich oft, denn in seinem Zuhause unter der Erde wird das Fell schnell verschmutzt. Es schleckt eine Pfote ab und schrubbt sich damit wie mit einem Waschlappen.

Nimmersatt

Wildkaninchen fressen gern Gräser und Kräuter, aber auch Nutzpflanzen wie Weizen, Gerste, Hafer und Mais stehen auf ihrem Speiseplan. Manchmal richten sie auf den Feldern große Schäden an.

Das Kaninchen kann sich auch von harten Pflanzenteilen wie Wurzeln und Rinde ernähren, denn es verdaut zweimal. In seinem Darm werden die Pflanzen zu einem kleinen, weichen Ball geformt. Sobald dieser ausgeschieden wird, frisst ihn das Kaninchen auf. Nun wird die Mahlzeit vollständig verdaut und in viele kleine, harte Kotkugeln verwandelt.

Kaninchen rennen mit erhobenem Hinterteil, sodass der aufgerichtete weiße Schwanz für die nachfolgenden Tiere als Signal gut zu erkennen ist.

Die junge Biene

Die Bienenmutter hat ihre befruchteten Eier in den Zellen der Bienenwabe abgelegt. In den Zellen aus Bienenwachs wächst aus jedem Ei eine kleine Larve. Nach zehn Tagen verpuppt sie sich, das heißt, sie spinnt eine Hülle um sich herum. Aus dieser Hülle schlüpft zwanzig Tage nach der Eiablage die junge Biene. Und schon beginnt für sie der Ernst des Lebens: Als Putzbiene reinigt sie die ersten drei Tage die Zellen der Bienenwabe. An ihrem vierten Lebenstag wird sie Ammenbiene und kümmert sich um den neuen Nachwuchs. Mit zwölf Tagen stellt sie als Baubiene zusammen mit den anderen Bienen Wachswaben her. Mit zwanzig Tagen verlässt sie den Stock und geht als Sammelbiene auf die Suche nach Nektar und Pollen.

Den leckeren Honig stellt die Biene aus Nektar her und füttert ihren Nachwuchs damit.

Sammelbienen fliegen von Blüte zu Blüte und trinken von dem Nektar. Dabei bleibt der nährreiche Blütenstaub an ihrem borstigen Haarkleid hängen.

Wer bin ich?

Die Honigbiene

Klasse: Ich gehöre zur Klasse der Insekten. Meine Nahrung sind Blütennektar und Blütenstaub.

Größe: Ich bin ausgewachsen ungefähr 12 Millimeter lang.

Gewicht: Ich wiege 2 Gramm.

Merkmale: Ich bin dunkelbraun mit gelben Haaren an der Brust und am Hinterleib. Meine vier Flügel sind durchsichtig. Jedes meiner beiden Augen besteht aus etwa 6000 kleinen Einzelaugen, aus denen ein Bild zusammengesetzt wird.

Wissenschaftlicher Name:
Apis mellifera

Von der Amme zur Wachbiene

Im Alter von vier bis elf Tagen hilft die junge Biene als Ammenbiene bei der Herstellung von Honig. Sie nimmt den Nektar, den die Sammelbienen zum Stock bringen, in ihrem Honigmagen auf und mischt ihn mit bestimmten Säften. Dann gibt sie die Masse an eine andere Biene weiter, die den Nektar weiter bearbeitet. Nach und nach wird in den Mägen der Bienen aus dem Nektar dickflüssiger Honig. Wenn er fertig ist, wird er in den Waben des Stocks gespeichert.

Bevor die Biene den Stock verlässt, hat sie noch eine letzte Aufgabe zu erfüllen: Im Alter von achtzehn Tagen bezieht sie als Wachbiene Stellung am Flugloch des Stocks. Von dort aus überwacht sie das emsige Kommen und Gehen und wehrt jede Biene, die nicht zu ihrem Volk gehört, ab. Die Bienen eines Staates erkennen sich gegenseitig am Geruch.

Wachbienen weisen zurückkehrenden Mitgliedern ihres Staates am Eingang des Bienenstocks den Weg. Wenn Bienen einen Eindringling stechen, bleibt ihr Stachel in dessen Körper stecken.

Baumeister am Werk

Um eine neue Wabe zu bauen oder eine vorhandene auszubauen, arbeiten viele Bienen zusammen. Wenn eine Biene zwölf Tage alt ist, scheidet sie aus Drüsen am Hinterleib winzige Wachsplättchen aus. Sie sammelt sie auf und knetet sie mit ihren Mundwerkzeugen zu kleinen Kugeln, die sich gut verarbeiten lassen. Daraus werden die Wände der sechseckigen Waben geformt. Viele Bienen halten sich aneinander fest und bilden ein dichtes Netz, das sich über die „Baustelle" spannt. So wird es darunter warm und das Wachs bleibt weich. Nach einigen Tagen wird im Körper der jungen Biene kein Wachs mehr hergestellt und ihre Zeit als Baubiene ist vorbei.

Beim Ausbau der Waben bilden die Bienen eine Kette und geben das Wachs weiter.

Endlich hinaus

Wenn die Biene zwanzig Tage alt ist, beginnt für sie der letzte Lebensabschnitt: Sie fliegt als Sammelbiene von Blüte zu Blüte. Da sie bisher die meiste Zeit in völliger Dunkelheit gelebt hat, muss sie zunächst lernen, sich mithilfe des Sonnenstands zurechtzufinden. Sie unternimmt erst einmal Erkundungsflüge um den Bienenstock herum und prägt sich ihr Zuhause und die nächste Umgebung ein. Schließlich geht sie auf weitere Reisen. Den Kropf voller Nektar und die Körbchen an ihren Hinterbeinen voller Blütenstaub kehrt sie zum Stock zurück. Sie lädt ihre sogenannte Tracht bei den jüngeren Bienen ab und fliegt sofort wieder davon. Manchmal steuert die Biene auch Knospen von bestimmten Laubbäumen an, auf denen sie eine harzartige Masse findet. Damit bessern die Bienen Risse im Bienenstock aus.

Um den vierzehnten Tag unternimmt die junge Biene erstmals Kurzflüge außerhalb des Bienenstocks.

Um genügend Nektar für ihren Stock zu sammeln, müssen die Bienen eines Staates mehrere Millionen Blüten besuchen. Mit ihren Hinterbeinen bürsten sie den Blütenstaub in kleine Körbchen am Körper und tragen ihn in den Stock.

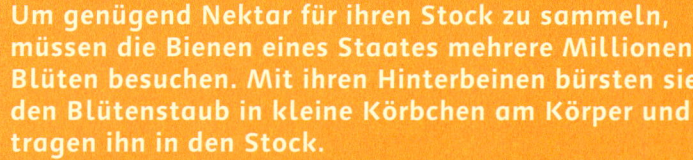

Der kleine Stieglitz

Ein Stieglitzmännchen flattert geschäftig um einen Baum herum. Blitzartig verschwindet es im Geäst, kommt kurz darauf wieder zum Vorschein und fliegt davon. Was für eine Arbeit, fünf hungrige Schnäbel zu stopfen! Das Stieglitzmännchen ist am Anfang allein für die Ernährung der jungen Familie zuständig.
Die Vogelmutter bleibt im Nest, um ihren Nachwuchs zu wärmen. Die kleinen Stieglitze sind gerade erst aus ihren Eiern geschlüpft, und ihr grauer Flaum ist noch sehr dünn. In einigen Tagen, wenn sie bereits ein paar Federn haben, wird das Weibchen ihre Jungen schon mal allein lassen können und dem Männchen bei der Nahrungssuche helfen.

Weil er am liebsten Distelsamen isst, wird der Stieglitz auch Distelfink genannt.

Die Stieglitz-Eltern haben ihrem Nachwuchs ein stabiles Nest aus Grashalmen, Moos und Flechten gebaut.

Wer bin ich?

Der Stieglitz

Klasse: Ich gehöre zur Klasse der Vögel und fresse Samen von Disteln, wenn ich erwachsen bin.

Größe: Von der Schnabel- bis zur Schwanzspitze messe ich ausgewachsen 12 Zentimeter. Die Spannweite meiner Flügel beträgt 23 Zentimeter.

Gewicht: Ich wiege 14 bis 18 Gramm.

Merkmale: Mein Rücken ist braun und am hinteren Teil weiß. Mein Schwanz ist schwarz. An der Unterseite bin ich heller gefärbt. Meine Flügel sind schwarz mit gelben Streifen. Eine rot-schwarz-weiße Maske umrahmt meine Augen.

Wissenschaftlicher Name:
Carduelis carduelis

Gut gestärkt

Stieglitz-Eltern fliegen auf der Suche nach Insekten für ihre Jungen weit umher. Sie stopfen die Beute direkt in die weit aufgerissenen Schnäbel der Kleinen. Neben der festen Nahrung bringen die Eltern ihren Jungvögeln Wasser und tropfen es in ihren Schlund. Die Jungen bleiben ungefähr zwei Wochen im Nest, werden aber auch nach dem Ausfliegen noch eine Woche von den Eltern gefüttert. Als erwachsene Vögel fressen sie nur noch Samen von Gräsern und Bäumen.

Sobald der erwachsene Vogel mit Nahrung am Nest erscheint, recken die kleinen Stieglitze ihre Hälse, reißen ihre Schnäbel weit auf und schlagen aufgeregt mit den Flügelchen.

In einigen Wochen wird das schlichte Federkleid des Jungvogels gegen das farbenfrohe des erwachsenen Stieglitzes ausgetauscht. Auch erwachsenen Vögeln fallen alte Federn aus und werden durch neue ersetzt.

Bald so schön wie Mama und Papa

Junge Stieglitze haben eine graubeige Oberseite mit dunkleren Flecken und Streifen und eine hellere Unterseite. Auf ihren Flügeln erkennt man bereits die gelben Streifen. Noch zieren den kleinen Kopf weder rote noch schwarze Federn. So farbenfroh wie die erwachsenen Vögel werden sie erst im Herbst sein. Bei den erwachsenen Stieglitzen sehen Männchen und Weibchen fast gleich aus, nur das Rot am Kopf geht bei den Männchen etwas weiter nach hinten.

An die Samen kleinerer Distelarten heranzukommen ist nicht schwer. Bei der großen Karde sieht das schon anders aus: Die Samen sitzen fest in den stacheligen Blüten. Nur das Stieglitzmännchen mit seinem längeren und spitzeren Schnabel schafft es, diese herauszupicken.

Damit sie gut an ihre Nahrung herankommen, suchen sich die Stieglitze zuerst eine sichere Position auf einem Ast. Mit diesem festen Griff können sie auch kopfüber an dem Baum hängen.

Nur nicht zu nah

Wenn der junge Stieglitz das Nest und seine Eltern verlässt, schließt er sich einer Gruppe von Jungvögeln an, die in der Umgebung zur gleichen Zeit geschlüpft sind. In kleineren Trupps suchen sie nach Nahrung. Sie fliegen um Gräser und Kräuter, landen sicher auf den wippenden Stängeln und picken den Samen aus den Hülsen. Nur selten sieht man sie am Boden. Die Stieglitze trinken und baden auch gemeinsam. Wenn ein Vogel einem anderen zu nahe kommt, kann es aber auch zu Kämpfen zwischen den Tieren kommen.

Das Rehkitz

Anfang Mai bringt die Rehmutter ihre Kitze zur Welt – manchmal eins, ab und zu auch drei, aber meist sind es zwei. Die Ricke leckt die Neugeborenen gründlich ab, um sie zu wärmen und zu säubern. Schon kurz nach der Geburt machen die Rehkitze auf ihren zittrigen Beinen erste Gehversuche. Die Mutter legt jedes an einem anderen, gut versteckten Ort im hohen Gras ab und bleibt immer in der Nähe. Damit die Fressfeinde das Versteck nicht finden, besucht sie die Jungen nur zur Fütterung. Drei Monate lang werden sie von der Ricke gesäugt und bleiben auch danach mit ihr zusammen. Erst wenn die Kitze ein Jahr alt sind, leben sie ganz selbstständig.

Die weißen Tupfen heißen auch „Bambi-Flecken" – nach dem berühmten Reh aus dem Disney-Film.

Bei der Geburt wiegt das Kitz 1,5 bis 2 Kilogramm. Es wächst schnell: Mit zwei Wochen wiegt es schon 6 Kilogramm.

Wer bin ich?

Das Reh

Klasse: Ich gehöre zur Klasse der Säugetiere. Ich bin Pflanzenfresser und Wiederkäuer.

Größe: Von der Nasen- bis zur Schwanzspitze messe ich ausgewachsen 1 bis 1,30 Meter und ich bin 60 bis 80 Zentimeter hoch.

Gewicht: Ich wiege 22 Kilogramm, wenn ich weiblich bin, und bis zu 24 Kilogramm, wenn ich männlich bin.

Merkmale: Im Sommer ist mein Fell rotbraun. Im Winter hat es eine leicht gräuliche Farbe und ist dicker. Wenn ich ein Männchen bin, habe ich ein kurzes Geweih.

Wissenschaftlicher Name:
Capreolus capreolus

Perfekt getarnt

Durch sein geflecktes Fell ist das Kitz nahezu unsichtbar: Liegt es flach im Gras einer Wiese, sehen die hellen Punkte von Weitem aus wie Blumen. Auf einer Waldlichtung erinnern die Tupfen an die schillernden Sonnenstrahlen auf dem Boden. Dieses tarnende Fellmuster trägt das Rehkitz fast drei Monate, also ungefähr bis Anfang August.

Außerdem hat das junge Reh fast keinen Geruch, sodass kein Fuchs seine Witterung aufnehmen kann. Die Rehmutter bewegt sich nie weit von ihren Jungen weg und ist jederzeit bereit, ihre Kitze mit kräftigen Huftritten zu verteidigen.

Leider werden junge Kitze oft von Mähdreschern getötet. Sie bleiben geduckt im Gras liegen, auch wenn sich die laute Maschine nähert.

Sehr sportlich!

Wenige Tage nach der Geburt läuft das Rehkitz bereits hinter seiner Mutter her und mit zwei bis drei Wochen rennt es so schnell, dass selbst ein Fuchs nicht mithalten kann. Wenn es zwei Monate alt ist, begleitet es seine Mutter überallhin und ist schon ausgesprochen flink und wendig. Mit seinen langen Beinen macht es weite, hohe Sprünge über Hecken und Gräben hinweg. Wenn es muss, schwimmt oder klettert das Kitz auch.

Selbst im Dickicht kommt das Reh mit seinem schlanken, geschmeidigen Körper schnell voran.

Wenn der kleine Rehbock sechs Monate alt ist, erscheinen zwei Höckerchen auf seinem Kopf. Mit einem Jahr zieren ihn zwei kleine, gerade Hörner, die im Herbst abfallen. Im darauffolgenden Frühjahr wachsen sie mit einer weiteren Verzweigung nach.

Rehe haben es im Winter schwer, etwas Essbares zu finden. Brombeer-blätter, Efeu, Moos, totes Laub – alles ist dann willkommen.

Das schmeckt gut!

Welche Nahrung gut für es ist, lernt das Kitz von seiner Mutter. Auf den Streifzügen durch Feld, Wald und Wiese beobachtet es, was sie frisst und macht es ihr nach. Die zarten Blätter von jungen Bäumen schmecken besonders gut! Im Herbst stehen Nüsse, Beeren, Eicheln, Bucheckern und Pilze auf dem Speise-plan. Die Rehe müssen sich Fettreserven für die kalte Jahreszeit zulegen, denn dann werden sie für eine Weile wenig Nahrung finden.

Der kleine Marienkäfer

Unter dem Blatt eines Holunderstrauches haften Dutzende winziger Eier. Ein Marienkäfer hat sie dort abgelegt. Nach einigen Tagen kriechen Larven aus ihnen hervor. Sie sind ganz klein, behaart, eher länglich als rund und grau gefärbt. Ihre einzige Gemeinsamkeit mit ausgewachsenen Marienkäfern ist der Appetit auf Blattläuse. Obwohl die Larven kleiner sind als ihre Beute, greifen sie die Pflanzenschädlinge an und verschlingen sie. Bei so reichhaltiger Nahrung werden die Larven der Marienkäfer schnell größer.

Der Marienkäfer hat sein Leben lang gleich viele Punkte. Man kann daran nicht sein Alter, sondern nur seine Art erkennen.

Um seine Eier abzulegen, sucht das Marienkäferweibchen eine Pflanze voller Blattläuse aus. So haben die Larven gleich nach dem Schlupf ausreichend zu essen.

Wer bin ich?

Der Siebenpunkt-Marienkäfer

Klasse: Ich gehöre zur Klasse der Insekten und ernähre mich von Blattläusen.

Größe: Ich bin ausgewachsen 5 bis 8 Millimeter lang.

Gewicht: Ich wiege ungefähr 15 Milligramm.

Merkmale: Ich habe rote Vorderflügel mit insgesamt sieben schwarzen Punkten. Kopf, Brust und Unterseite sind bei mir schwarz gefärbt. Meine roten Flügeldecken sind nicht zum Fliegen da, sondern schützen meine zarten, durchsichtigen Flügel darunter.

Wissenschaftlicher Name:
Coccinella septempunctata

Fressen, fressen, fressen!

Kleine Marienkäferlarven müssen viel Nahrung aufnehmen, um zu wachsen. Ihr Hunger ist so groß, dass sie mindestens hundert Blattläuse pro Tag erbeuten. Nach wenigen Tagen sind die Larven schon stark gewachsen und ihre Haut passt ihnen nicht mehr. Und was passiert dann? Sie häuten sich: Ihre Haut reißt auf und zum Vorschein kommt eine neue, passende Haut-schicht. Sofort nehmen die kleinen Larven ihre Jagd nach Blattläusen wieder auf. Ihr großer Appetit lässt sie so schnell größer werden, dass ihre Haut schon bald wieder anfängt zu zwicken. Sie häuten sich noch einmal. Innerhalb von drei Wochen wechseln die kleinen Larven ihr Kleid viermal!

Die winzigen Larven sind gerade aus dem Ei geschlüpft, und zwar mit dem Kopf zuerst. Einige stecken noch in ihrer durchsichtigen Hülle.

Von der Larve zum Käfer

Nachdem sie sich mehrere Male gehäutet hat, heftet sich die Larve an eine Pflanze und bildet eine Hülle um ihren Körper – sie verpuppt sich. Man könnte meinen, sie sei tot, denn sie bewegt sich nicht und frisst auch nichts mehr. Unter der schwarz-orangen Hülle entsteht der erwachsene Marienkäfer. Während der Verpuppung wachsen auch die Flügel des zukünftigen Käfers. Wenn der Käfer schlüpft, erinnert nichts mehr an die winzige Larve, die er zu Beginn seines Lebens war.

Die Larve wächst und wird immer kräftiger. Sie ist schwarz mit gelb-orangefarbenen Flecken.

Wenn sie sich verpuppt hat, verharrt die Larve scheinbar leblos in ihrer Hülle.

Endlich erwachsen!

Eine Woche lang hängt die verpuppte Larve reglos an dem Blatt. Dann kommt Bewegung in die Puppe. Die Hülle bricht auf und ein Marienkäfer erblickt das Licht der Welt. Seine Flügel sind noch ganz weich. Seine Flügeldecken sind gelb – und ohne einen einzigen Punkt! Doch nach wenigen Stunden sind die Flügeldecken hart geworden und tragen ihr typisches Muster. Jetzt sieht der Marienkäfer aus wie der Glückskäfer, als den man ihn kennt. Er hebt die Flügeldecken an, entfaltet die darunter verborgenen, durchsichtigen Flügel und segelt davon. Nun kann er wieder Blattläuse fangen. Schon bald sucht er sich einen Partner, mit dem er kleine Marienkäferchen zeugen wird.

Der Marienkäfer hat zarte, durchsichtige Flügel. Sie sind unter den roten, schwarz gepunkteten Flügeldecken verborgen. Beim Abflug werden diese hochgeklappt und die sonst unsichtbaren Flügel kommen zum Vorschein.

Die junge Schwalbe

Zielsicher fliegt die Rauchschwalbe durch das kleine Fenster hinein in den Stall. Unter den Dachbalken kleben Schalen aus Schlamm und Stroh. Darin sitzen mehrere Jungvögel, die vor etwa zwanzig Tagen geschlüpft sind. Zu Beginn ihres Lebens waren sie nackt und blind, doch jetzt sind die Augen geöffnet und weiche Federn wärmen die kleinen Körper. Kräftig piepsend betteln die Nestlinge um Futter. Ihre Eltern fliegen unermüdlich und mit weit geöffnetem Schnabel über dem Bauernhof hin und her, um Insekten zu fangen. Die kleinen Rauchschwalben wachsen schnell und sind bald kräftig genug, um ihr Nest zu verlassen.

Du und deine Familie könnt den Rauchschwalben helfen, indem ihr kleine Bretter oder künstliche Nester am Haus anbringt.

Sobald die Eltern zum Nest zurückkehren, öffnen sich die Schnäbel der Jungen – sie warten hungrig auf die nächste Mahlzeit.

Wer bin ich?

Die Rauchschwalbe

Klasse: Ich gehöre zur Klasse der Vögel. Ich jage in der Luft und fresse Insekten.

Größe: Ich messe ausgewachsen 19 Zentimeter von der Schnabel- bis zur Schwanzspitze. Meine Flügel haben eine Spannweite von 34 Zentimetern.

Gewicht: Ich wiege 18 bis 22 Gramm.

Mermale: Meine Oberseite ist blau und glänzt metallisch, meine Unterseite ist hell. An der Stirn und der Kehle bin ich rostbraun und am Kropf habe ich ein blaues Band. Meine Schwanzfedern sind außen sehr lang. Man erkennt mich auch an meinem „Witt-witt"-Gesang.

Wissenschaftlicher Name:
Hirundo rustica

Geschickte Flieger

Die kleinen Schwalben stehen vor ihrem ersten Flug zögernd am Nestrand. Ihre Eltern ermutigen sie, indem sie laut schreiend um das Nest herumfliegen. Nach und nach verlassen die jungen Vögel das Nest und fliegen hinaus an die frische Luft.

Der Körper der Rauchschwalben ist für rasante Flüge perfekt ausgestattet: Sie haben lange, feingliedrige Flügel und einen langen Schwanz, mit dem sie steuern. Während des Fluges öffnen sie ihren breiten Schnabel ganz weit und fangen so Insekten ein. Auch Strecken von mehreren Hundert Kilometern schaffen Schwalben mühelos.

Das Gelb des weit geöffneten Schnabels leuchtet in der Dunkelheit, die den Nistplatz umgibt. Die Jungvögel sind schon groß und haben gerade noch Platz im Nest.

Noch ist der Schlund der jungen Rauchschwalben gelb. Wenn sie erwachsen sind, wird er dunkelrot sein.

Abschied nehmen

Die ersten drei Wochen haben die frisch geschlüpften Rauchschwalben in dem gut beschützten Nest verbracht. Jetzt, da sie das Nest verlassen haben, lauern zahlreiche Gefahren auf die jungen Vögel. Sobald ein Feind, zum Beispiel eine Katze, auftaucht, geben die Eltern ein lautes „Zi-witt" oder „Biwist" zur Warnung von sich. Sie werden noch etwa zehn Tage auf ihre Kleinen aufpassen und sie füttern. Dann müssen die Jungvögel allein zurechtkommen und die Schwalbeneltern bereiten sich auf ihre nächste Brut vor.

Obwohl sie schon fliegen können, wollen die jungen Rauchschwalben noch gefüttert werden.

Gemeinsame Reise in die Ferne

Rauschwalben leben oft in der Nähe von Bauernhöfen, Feldern und Teichen, denn dort finden sie genügend Insekten. Wenn im Herbst die Tage und Nächte kühler werden, versammeln sich Alt- und Jungvögel aus der Umgebung. Man sieht sie dann in Scharen auf Stromleitungen sitzen. Kurz darauf brechen die Vögel auf und begeben sich zusammen auf eine lange Reise. Im warmen Afrika werden sie den Winter verbringen und im Frühling zur Brut wieder zurückkommen.

Wenn sich die Schwalben versammeln, ist der Winter nicht mehr weit.

Der Fuchswelpe

In seinem Bau hat ein Fuchsweibchen fünf Junge zur Welt gebracht. Die kleinen Welpen haben graue Haare und sind noch blind und taub. Für sie sind erst einmal nur zwei Dinge wichtig: viel schlafen und viel Muttermilch trinken. Nach einem Monat sind sie schon kräftiger geworden – kräftig genug für einen ersten Spaziergang! Es gibt so viel zu entdecken und die kleinen Füchse beschnuppern neugierig ihre Umgebung. Sie tollen miteinander herum und üben dabei kämpfen und jagen. Sie bleiben jedoch immer in der Nähe ihres Baus. Sobald sie ein Geräusch oder den Warnruf ihrer Mutter hören, bringen sie sich schnell in Sicherheit.

Manche Füchse leben sogar in der Stadt! Sie ernähren sich von Resten in Mülltonnen.

Wenn die Fuchswelpen mit ihrer Mutter außerhalb des Baus unterwegs sind, beobachtet sie aufmerksam die Umgebung.

Wer bin ich?

Der Rotfuchs

Klasse: Ich gehöre zur Klasse der Säugetiere und bin Fleischfresser.

Größe: Ich messe ausgewachsen 50 bis 90 Zentimeter von der Nasenspitze bis zum Schwanzansatz. Mein Schwanz ist 30 bis 60 Zentimeter lang.

Gewicht: Ich wiege 2 bis 10 Kilogramm.

Merkmale: Auf der Oberseite ist mein Fell meist rotbraun, auf der Unterseite ist es weiß oder hellgrau. Ich habe eine spitze Schnauze und einen langen, buschigen Schwanz.

Wissenschaftlicher Name:
Vulpes vulpes

Auf dem Weg zum Einzelgänger

Im Alter von einem Monat frisst der Fuchswelpe zum ersten Mal Fleisch. Noch muss die Beute von den erwachsenen Tieren vorgekaut werden, denn Füchse werden ohne Zähne geboren und bekommen erst nach einem Monat ihre Milchzähne. Wenn die ausgefallen sind, wächst dem jungen Fuchs ein kräftiges Gebiss mit 42 Zähnen, darunter vier spitze Fangzähne.

Mit zwei Monaten geht der kleine Fuchs mit auf die nächtliche Jagd seiner Mutter. Sobald er ausgewachsen ist, wird er immer allein auf die Jagd gehen.

Der Fuchswelpe lernt von seiner Mutter, sich an Wald- und Wühlmäuse, aber auch größere Tiere wie Kaninchen und Vögel heranzuschleichen und diese zu erbeuten.

Mit vier Wochen ist das Fell des Fuchswelpen mausgrau, seine Schnauze und Ohren sind rundlich und die Augen blau.

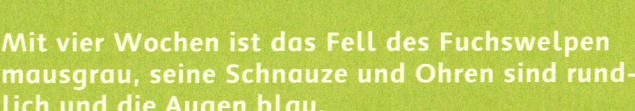

Lebhafte Rangeleien, leichte Bisse, Ringkämpfe und Verfolgungsjagden: Harmlose Streitereien machen junge Füchse fit für wirkliche Kämpfe.

Gut gerüstet für die Jagd

Im Spiel mit seinen Geschwistern probiert der junge Fuchs aus, wie er seine Kraft und Bewegungen am besten einsetzt. Auch die Beute der Füchse ist flink und er muss lernen, eine Maus mit einem Satz zu erwischen und mit den Pfoten festzuhalten.

Auf der Jagd kann sich der Fuchs auf seine gut entwickelten Sinnesorgane verlassen: Seine Ohren kann er in fast alle Richtungen drehen und ihnen entgeht kein Geräusch. Dank der Tasthaare an seinen Pfoten spürt er sogar die Bewegungen eines Wurms unter der Erde! Seine Augen sehen auch in der Nacht ausgezeichnet und sein Geruchssinn ist viel besser als der des Menschen.

Erwachsenenleben

Im Herbst ist der Fuchswelpe fünf Monate alt und kann schon selbstständig jagen. Nun ist es für ihn an der Zeit, sein eigenes Revier zu erobern. Dafür muss der junge Fuchs oft viele Kilometer weit durch die Nacht laufen. Wenn er Glück hat, trifft er auf ein Gebiet, dessen „Besitzer" gerade verstorben ist. Mit neun Monaten ist der Fuchs geschlechtsreif und kann seine eigene Familie gründen. Im Frühling erblicken dann die nächsten Welpen das Licht der Welt.

Sein langer, buschiger Schwanz wärmt den Fuchs, wenn er sich im Morgengrauen schlafen legt.

Die kleine Kröte

Im März legt das Krötenweibchen lange Laichschnüre zwischen den Wasserpflanzen von Tümpeln und Weihern ab. Diese Schnüre bestehen aus Tausenden von Eiern. Etwa zehn Tage danach durchstoßen kleine, schwarze Larven die Eihülle. Mit einem Saugnapf heften sie sich zunächst an Pflanzen und Steine. Wenig später lösen sie sich wieder ab und treiben in Ufernähe oder weit oben, wo das Wasser wärmer ist. In dieser Phase haben sie noch keine Beine. Allmählich wachsen die Larven zu etwa drei Zentimeter langen, schwarzen Kaulquappen heran. Nach etwa drei Monaten beginnen die Kaulquappen, sich Stück für Stück in eine Kröte zu verwandeln. Diese Verwandlung nennt man Metamorphose.

Die Erdkröte ist ein nützliches Tier: Sie frisst viele schädliche Insekten und Schnecken.

Die Metamorphose der kleinen Kaulquappe ist fast abgeschlossen. Kopf, Körper und Beine sind schon die einer Kröte. Der Schwanz der Kaulquappe wird auch noch verschwinden.

Wer bin ich?

Die Erdkröte

Klasse: Ich gehöre zur Klasse der Amphibien und fresse Insekten und Schnecken.

Größe: Ausgewachsene Männchen sind bis zu 8 Zentimeter lang, Weibchen bis zu 13 Zentimeter.

Gewicht: Männchen wiegen 10 bis 50 Gramm, Weibchen 20 bis 120 Gramm.

Merkmale: Ich bin an der Oberseite braun oder grau gefärbt, an der Unterseite etwas heller. Mein Körper ist wie bei allen Kröten von Warzen bedeckt. Ich habe recht kurze Beine, vorne mit vier Zehen und hinten mit fünf Zehen und Schwimmhäuten.

Wissenschaftlicher Name:
Bufo bufo

Von der Larve zur Kaulquappe

Aus den Eiern der Kröte schlüpfen kleine Larven, die im Wasser treiben. Aus diesen Larven entwickeln sich Kaulquappen: Sie bekommen einen Mund, Augen und einen breiten Schwanz, mit dem sie sich im Wasser fortbewegen können. Die Kaulquappe atmet zunächst mit Kiemen an den beiden Außenseiten ihres Kopfes. Kiemen sind die Atemorgane von Tieren, die im Wasser leben. Sie nehmen den Sauerstoff aus dem Wasser auf und geben ihn ins Blut ab. Während die Kaulquappe weiterwächst, bilden sich die Kiemen und der Schwanz langsam zurück. Die Verwandlung zur Kröte hat begonnen.

Die Eier der Erdkröte sind in langen Schnüren verpackt. Die Männchen wickeln sie nach der Befruchtung um die Stängel der Wasserpflanzen.

Von der Kaulquappe zur Kröte

Einige Wochen nach dem Einsetzen der Verwandlung sieht man die ersten Anzeichen von Beinen. Im dritten Monat bekommt die Kaulquappe immer mehr Ähnlichkeit mit einer Kröte und auch der Kopf trägt bereits die typischen Merkmale: ein breites Maul und hervorstehende Augen. Der Schwanz schrumpft und ist bald völlig verschwunden. Kurz bevor die Kröte schließlich an Land geht, haben sich die Kiemen vollständig zurückgebildet und es entsteht eine Lunge. Damit kann die Kröte nur noch an Land atmen. Höchste Zeit, das Wasser zu verlassen!

Die Hinterbeine der Kröte sind schon an der Kaulquappe zu sehen, die Vorderbeine müssen noch wachsen. Mit schlangenartigen Bewegungen ihres breiten Schwanzes kommt die Kaulquappe voran. Sie ist ungefähr 2 Zentimeter lang.

Die vier Beine sind zwar schon ausgebildet, aber noch ist die Kaulquappe ein Wasserbewohner und braucht zum Schwimmen ihren Schwanz.

Ein neues Leben

Die kleine Kröte ist erst einmal kleiner als die Kaulquappe, aus der sie entstanden ist – denn sie hat keinen Schwanz mehr. Tagsüber sucht sie Schutz unter einem Stein. Erst abends kommt sie wieder hervor und geht auf die Suche nach Nahrung. Sie lebt von Nacktschnecken, Würmern, kleinen Spinnen, schädlichen Insekten und deren Larven. Kröten sind also besonders nützlich und sollten geschützt werden. Auf dem Weg zu dem Gewässer, wo sie sich fortpflanzen wollen, müssen sie oft Straßen überqueren. Dabei helfen ihnen Naturschützer oder speziell angebrachte Zäune, die sie um die Straßen herum führen.

Ins Wasser geht die Kröte nur zurück, um sich fortzupflanzen. Meist kehrt sie dazu sogar an den Ort ihrer Geburt zurück.

Der junge Igel

Was sind das für merkwürdige Geräusche unter der Hecke? Blätter rascheln, irgendwer schnüffelt und trippelt herum. Plötzlich kommt etwas zum Vorschein: zuerst die Igelmutter und dann ihre vier Jungen – eine Igelfamilie! Die kleinen Igel sind sechs Wochen alt. Seit zwei Wochen streifen sie mit ihrer Mutter umher und lernen zu jagen. Heute unternehmen sie ihren letzten gemeinsamen Ausflug. Mit ihren eineinhalb Monaten sind die Igelkinder groß genug, um allein zurechtzukommen.

Sobald sie ein Geräusch hören, rollen sich die stacheligen Tiere zu kleinen Kugeln zusammen. Erst wenn es wieder still ist, setzen sie ihre nächtliche Runde fort. Und irgendwann in dieser Nacht trennen sich ihre Wege ...

Wenn ihr in eurem Garten im Herbst einen Haufen aus Laub liegen lasst, kann es sich ein Igel darin gemütlich machen.

Die Stacheln des Igels sind steife, spitze Fellhaare. Die Haare können ausfallen und nachwachsen. Den Kopf des Igels und seine Unterseite bedeckt ein weicheres Fell.

Wer bin ich?

Der Braunbrustigel (auch Westeuropäischer Igel oder Westigel genannt)

Klasse: Ich gehöre zur Klasse der Säugetiere und bin Insektenfresser.
Größe: Ich bin ausgewachsen 20 bis 30 Zentimeter lang.
Gewicht: Ich wiege 400 bis 1100 Gramm.
Merkmale: Ich habe ein dichtes Stachelkleid. Meine Stacheln sind hell und dunkel geringelt. Ich habe eine spitze Schnauze und rundliche, kurze Ohren. Gefärbt bin ich grau-braun.

Wissenschaftlicher Name:
Erinaceus europaeus

Finger weg!

Wenn Gefahr droht, rollt sich der Igel zu einer stacheligen Kugel zusammen. Wie macht er das? Zuerst muss er die Muskeln am Rücken kräftig anspannen. Schon richtet sich das Stachelkleid steif in die Höhe. Ein anderer Muskel sorgt dafür, dass sich der Körper zusammenzieht und in dieser eingerollten Stellung bleibt. Den Kopf zieht der Igel ein und drückt seine Beine eng an den Bauch. Unmöglich, ihn jetzt anzufassen, ohne sich gehörig wehzutun! Wenn es sein muss, kann der Igel stundenlang so verharren.

Die Kugelform hilft dem Igel aber nicht nur bei der Verteidigung. Als guter Kletterer kann er zwar einen Zaun hinaufsteigen, aber nicht wieder herunterlaufen. Er rollt sich einfach zusammen und lässt sich fallen. Die stachelige Kugel wirkt wie ein Polster und er landet sanft.

Diese Igel sind sieben Tage alt. Zwischen den weißen, weichen Haaren wachsen ihnen bereits die ersten braunen, härteren Stacheln.

Igel haben an Bauch und Beinen und am Kopf keine Stacheln, denn sonst könnten sie sich nicht zusammenrollen. Dieser kleine Igel muss noch ein bisschen üben.

Haben Igelbabys Stacheln?

Die neugeborenen Igel sind noch ganz klein und ihre Stacheln sind in die Haut eingebettet. So können sie die Mutter bei der Geburt nicht verletzen. Nur wenige Stunden nach der Geburt stellen sich die Stachelhaare auf. Sie sind weiß und noch biegsam. Ganz junge Igel haben nur ungefähr hundert Stacheln, die den Rücken noch nicht komplett bedecken. Ab dem vierten Tag wachsen erste braune Stachelhaare und die weißen fallen nach und nach aus. Erst wenn die kleinen Igel einige Wochen alt sind, kommen allmählich die Stacheln zum Vorschein, die ihr erwachsenes Haarkleid bilden werden. Ausgewachsene Braunbrustigel haben bis zu achttausend Stacheln.

Igeljunge kommen nackt und blind zur Welt. Die Igelmutter versteckt sie in einem behaglichen Nest, wo sie die Kleinen etwa vierzig Tage lang säugt. Nach zwei Wochen öffnen sie die Augen.

Igel im Winter

Wenn es draußen kalt wird, finden die Igel weniger Nahrung und haben nicht mehr ausreichend Energie, um ihren Körper warm zu halten. Deshalb bauen sie sich ein kuscheliges Winterquartier aus Laub. Bevor sie ihren Winterschlaf beginnen, fressen sie sich ein Fettpolster an. Dann suchen sie ihr warmes Versteck auf und rollen sich in ihrer Stachelkugel ein. So können sie mehrere Monate liegen bleiben und wachen nur selten kurz auf. Erst wenn es wieder wärmer wird, verlassen sie ihr geschütztes Nest.

Die Körpertemperatur der Igel sinkt während des Winterschlafs. So brauchen sie weniger Energie und können ohne Nahrung überleben.

Der kleine Schmetterling

Ein herrlicher Sommertag: Die Sonne scheint und die vielen Blumen auf der Wiese leuchten in den verschiedensten Farben. An einem Stängel bewegt sich etwas. Es ist die Puppe eines Schmetterlings, die aussieht wie das Blatt einer Pflanze. Innerhalb weniger Sekunden reißt die Hülle der Länge nach auf und entlässt einen fertigen Schmetterling in die Freiheit. Fühler, Beine, Saugrüssel und Augen sind schon fertig ausgebildet. Nur die Flügel sind ganz feucht und völlig zerknittert! Aber keine Sorge: Sobald Blut durch die feinen Äderchen des Schmetterlings fließt, entfalten sich die Flügel. Nach einer Stunde sind sie trocken, glatt und fest. Der Schmetterling fliegt davon.

Weltweit gibt es mehr als 100 000 verschiedene Arten von Schmetterlingen.

Vor drei Wochen hat sich die Raupe des Schwalbenschwanzes links verpuppt. Im Schutz der Hülle hat sie sich in einen schönen Falter verwandelt.

Wer bin ich?

Der Schmetterling

Klasse: Ich gehöre zur Klasse der Insekten und bilde eine eigene Ordnung. Ich ernähre mich von Blütennektar.

Größe: Je nach Art haben meine Flügel eine Spannweite von 1 bis 30 Zentimetern.

Merkmale: Wie alle Insekten habe ich einen Kopf, einen Brustkorb und einen Hinterleib. Meine sechs Beine und vier Flügel sind am Brustkorb befestigt. Die Ränder meiner Flügel sind glatt, gewellt oder gezackt.

Wissenschaftlicher Name
Lepidoptera

Verwandlung im Verborgenen

Wie alle Insekten legen auch die Schmetterlinge Eier. Aus den Eiern schlüpfen die kleinen Raupen. Sie fressen von den Pflanzen, an denen sie sitzen, und werden langsam größer. Bald zwickt ihre Hautschicht und sie müssen diese ablegen. Dazu reißt ihre Haut auf und darunter zeigt sich eine neue Schicht. Schließlich verpuppen sich die Raupen und bilden eine schützende Hülle um sich herum. Im Inneren dieser Puppe findet eine faszinierende Verwandlung statt: Aus der Raupe wächst der fertige Schmetterling.

Bei der Rast rollt der Schmetterling seinen Saugrüssel auf. Mit dem ausgestreckten Rüssel gelangt er in die kleinsten Hohlräume der Blüten.

Hilfst du mir, helf ich dir

Beim Flug von einer Blüte zur anderen überträgt der Schmetterling Blütenstaub und hilft so den Blumen, sich zu vermehren.

Der frisch geschlüpfte Schmetterling braucht das Fliegen nicht zu üben – er kann es einfach. Auf der Suche nach Nahrung fliegt er von Blüte zu Blüte. Dort findet er Nektar, einen süßen Saft, den Blüten herstellen. Der Schmetterling setzt seinen Saugrüssel ein wie einen Strohhalm und schlürft den Nektar direkt in seinen Kropf. Mit den Fühlern nimmt er den Duft seiner Lieblingsblumen wahr und findet diese auch auf mehrere Kilometer Entfernung. Den Pflanzen hilft er mit seiner eifrigen Nahrungssuche: Wenn er auf einer Blume landet, bleibt Blütenstaub an seinem Körper hängen. Diesen trägt er weiter zu anderen Blüten und diese können so bestäubt werden. Viele Pflanzen können sich nur mithilfe von Insekten fortpflanzen.

Ein kurzes Leben

Schmetterlingsflügel bestehen aus dünnen Häutchen, auf denen kleine Schuppen sitzen. Diese spiegeln die Sonne wider und dadurch entstehen die schillernden Farben.

Schmetterlinge leben je nach Art unterschiedlich lang – manche nur ein paar Tage, andere auch mehrere Monate. Die Schmetterlinge suchen schnell nach einem Partner, um sich fortzupflanzen. Oft stirbt das Männchen kurz nach der Paarung. Das Weibchen legt seine Eier auf einer Pflanze derselben Art ab, auf der auch sein Leben begann. Sobald es für Nachkommen gesorgt hat, stirbt auch das Weibchen. Aus seinen Eiern werden bald kleine Raupen schlüpfen und zu schönen Schmetterlingen heranwachsen.

Der Zitronenfalter hat seinen Namen von der Flügelfarbe des Männchens. Die Flügel des Weibchens sind grünlich weiß gefärbt.

Das Rebhuhnküken

Im hohen Gras am Rand eines Weizenfeldes brütet ein Rebhuhn. Vor drei Wochen hat es etwa fünfzehn Eier in eine Erdmulde gelegt, die es mit Pflanzen ausgepolstert hat. Der Hahn ist in der Nähe und passt auf. Er warnt das Weibchen, wenn Gefahr droht, und zögert auch nicht, auf einen Feind loszugehen und ihn anzugreifen. Endlich! Das erste Küken hat seine Eierschale aufgebrochen und ist geschlüpft. Es trägt ein graubraunes Daunenkleid und sein Köpfchen zieren dunkle Tupfen. Nach einer Stunde sind die Flaumfedern getrocknet und sofort verlässt das Küken sein Nest. Es dauert nicht lang und eine ganze Schar von Rebhuhnküken trippelt Rebhuhn und Hahn hinterher.

Rebhühner müssen besonders viele Eier legen, um ihre Art zu erhalten, denn einige davon werden von den Feinden gefressen.

Rebhuhnküken sind Nestflüchter. Sie laufen direkt nach dem Schlüpfen aus dem Nest, brauchen aber bei der Nahrungssuche noch die Hilfe ihrer Eltern.

Wer bin ich?

Das Rebhuhn

Klasse: Ich gehöre zur Klasse der Vögel. Ich fresse Samen, andere Pflanzenteile, Insekten und deren Larven.

Größe: Ausgewachsen bin ich von der Schnabel- bis zur Schwanzspitze ungefähr 30 Zentimeter lang.

Gewicht: Ich wiege bis zu 450 Gramm.

Merkmale: Ich habe einen gedrungenen Körper und einen kurzen Schwanz. Mein vorderer Rücken und meine Brust sind grau, mein unterer Rücken ist braun. An den Flanken habe ich kräftige, rostrote Bänder. Mein Ruf ist ein in die Länge gezogenes „Kirreck".

Wissenschaftlicher Name:
Perdix perdix

Der Tag einer Rebhuhnfamilie

In der Morgen- und Abenddämmerung geht die Rebhuhnfamilie auf Nahrungssuche. Die Eltern passen ihre Geschwindigkeit den Schritten der Kleinen an. Sie picken nach Insekten und Larven und geben diese an ihre Küken weiter. Nach ein paar Tagen gibt es zusätzlich Samenkörner, Blätter und Beeren. Den Rest des Tages verbringt die Rebhuhnfamilie in einem Versteck und ruht sich aus. Bei schönem Wetter wärmen sich die Küken gern in der Sonne, bei Regen suchen sie Schutz unter einer dichten Hecke.

Auf der Suche nach Nahrung laufen die Küken dicht hinter ihrer Mutter her. Sie hebt aufmerksam den Kopf, sobald sie ein Geräusch hört.

Sichere Tarnung

Im Alter von ungefähr zwei Wochen unternehmen die Rebhuhnküken erste Kurzflüge und mit knapp drei Wochen können sie schon gut fliegen. Wenn sie vor einer Gefahr fliehen wollen, ziehen sie es aber vor, am Boden schnell in ein Versteck zu rennen. In die Luft gehen Rebhühner sehr selten und dann auch nur kurz. Um einen Angreifer zu erschrecken, flattern sie kurz auf und bringen sich dann auf dem Boden in Sicherheit. Mit ihrem graubraunen Gefieder sind Alt- und Jungvögel bestens an die Farben ihrer Umgebung auf Feldern und Wiesen angepasst. Ob am Boden, im Getreide oder im trockenen Gras: Sie sind perfekt getarnt.

Staubbäder sind die beste Methode, um lästige Parasiten im Gefieder loszuwerden.

Gemeinsam stark

Wenn es allmählich kälter wird, finden sich mehrere Rebhuhnfamilien zusammen – sie bilden eine sogenannte Kette. Tagsüber trennen sie sich, aber abends folgen die Jungen dem Kontaktruf ihrer Eltern. Gemeinsam gehen die Familien auf Nahrungssuche. Zum Jahresende löst sich der Verband wieder auf und die Jungtiere gehen ihren eigenen Weg. Der Anfang des neuen Jahres ist die Paarungszeit. Die Hähne kämpfen wieder um die Gunst einer Partnerin und die Küken aus dem letzten Jahr werden bald ihre eigene Familie gründen.

Im Herbst sind aus den kleinen Küken Jungvögel geworden, die schon fast wie erwachsene Rebhühner aussehen. Ihre Federn sind aber noch matter gefärbt als die der erwachsenen Vögel.

Rebhühner finden im Schnee kaum Verstecke. In kleinen Gruppen können sie sich besser gegen die Kälte und Feinde schützen.

Die junge Ringelnatter

Eine Ringelnatter kommt unter einem Blätterhaufen hervor und schlängelt sich davon. Sie hat ihre Eier unter den verrottenden Blättern abgelegt, denn dort ist es wohlig warm. In den etwa dreißig Eiern wachsen innerhalb von zwei Monaten kleine Ringelnattern heran. An einem Septembermorgen bricht die erste Eischale auf und eine kleine Schlange schlüpft. Nach und nach befreien sich alle Jungen mit ihrem Eizahn aus der engen Hülle. Für einige Zeit bleiben sie noch mit ihren Geschwistern zusammen und verbringen den Winter in einem gemeinsamen Versteck.

Die kleinen Ringelnattern ernähren sich zuerst nur von Kaulquappen und Insektenlarven. Später werden sie größere Beute wie Frösche, Fische, Molche und Eidechsen jagen.

Die Ringelnatter ist die Schlange, die bei uns am häufigsten vorkommt.

Ringelnattern legen zwischen zehn und vierzig Eier.

Wer bin ich?

Die Ringelnatter

Klasse: Ich gehöre zur Klasse der Reptilien und bin eine Schlange.

Größe: Männchen sind ausgewachsen 1 Meter und Weibchen fast 2 Meter lang.

Gewicht: Männchen wiegen etwa 100 Gramm und Weibchen 300 Gramm.

Merkmale: Mein Körper ist aschgrau, graubraun oder schwarz gefärbt. Hinter meinem Kopf trage ich zwei gelbe oder weiße Flecken, die wie ein Halbmond geformt sind. Meine Pupillen sind rund.

Wissenschaftlicher Name:
Natrix natrix

Aus Alt mach Neu

Ringelnattern haben eine Haut aus vielen Schuppen, die nicht mitwachsen kann. Die alte Haut löst sich deshalb, sobald sie zu eng geworden ist. Die Schlangen reiben sich an Steinen oder am Boden und streifen sie komplett ab. Nach etwa einer halben Stunde hat die Ringelnatter es geschafft. Die alte Hülle liegt nun umgekrempelt da – wie der Ärmel eines Pullis, den man linksherum ausgezogen hat. Darunter hat sich eine neue Haut gebildet. Auch als erwachsenes Tier häutet sich die Ringelnatter noch regelmäßig und tauscht ihre alt gewordene Haut gegen eine neue Schicht aus.

Die kleine Schlange, die nach dem Schlüpfen etwa 15 Zentimeter misst, lag eng zusammengerollt in einem nur wenige Zentimeter großen Ei.

Nicht zu heiß und nicht zu kalt

Säugetiere und Menschen schwitzen, wenn sie sich anstrengen oder wenn ihnen heiß ist. Die Ringelnatter kann nicht schwitzen, denn sie hat keine Schweißdrüsen auf ihrer Haut. Zum Abkühlen legt sie sich in den Schatten oder sucht das kühle Wasser auf. Ihr Körper ist so warm oder kalt wie ihre Umgebung und sie kann ihre Temperatur nicht selbst anpassen. Sie braucht aber eine bestimmte Wärme, um sich bewegen zu können. Um sich warm zu halten, rollt sich die Schlange ein.

Im ersten Lebensjahr häutet sich die kleine Ringelnatter etwa sechsmal. Auch danach wird sie noch regelmäßig ihre Haut abstreifen.

Die Ringelnatter hat sich zusammengerollt, biegt ihren Hals nach hinten und zischt den Angreifer an. So versucht sie, den Feind zu erschrecken und in die Flucht zu treiben.

Ein Leben im Wasser und an Land

Die junge Ringelnatter kann ausgezeichnet schwimmen und tauchen. Sie hält sich oft im und am Wasser auf, denn dort findet sie Larven und Kaulquappen. Mit ihrem kleinen Maul kann sie diese gut fangen. Größere Ringelnattern gehen auch an Land auf die Jagd. Vorsichtig schlängeln sie sich an ihre Beute heran und schnappen schnell zu. Mit ihren Zähnen können sie das Tier aber nur festhalten, nicht töten – sie haben gar kein Gift in ihren Zähnen! Ihre Beute verschlingen sie lebend.

Diese Ringelnatter schlängelt sich durchs Wasser. Ihren Kopf hält sie dabei in der Luft.

Die kleine Zwergmaus

Inmitten von Weizenhalmen, etwa einen halben Meter über dem Erdboden, hängt eine kleine Kugel aus Pflanzenteilen. Es ist das Nest einer Zwergmaus. Das Weibchen hat die Blätter mehrerer Halme in Streifen geschnitten und miteinander verflochten, ohne sie von den Stängeln abzutrennen. Auf diese Weise hängt das Nest sicher in der Luft und bietet den kleinen Zwergmäusen Schutz. Damit ihre Jungen es gemütlich haben, hat das Weibchen das Nest auch noch mit Gras und Blütenblättern ausgekleidet. Zwei Wochen lang werden die neugeborenen Zwergmäuse hier gesäugt.

In einem Jahr bekommt die Zwergmaus zwei- bis dreimal Junge.

Im Sommer baut die Zwergmaus kugelförmige Nester. Sie sind zwischen den Halmen gut versteckt. Im Winter errichtet sie größere Nester, die dann auch am Boden liegen.

Wer bin ich?

Die Zwergmaus

Klasse: Ich gehöre zur Klasse der Säugetiere. Ich bin ein Nagetier und fresse Pflanzensamen und Insekten.

Größe: Mein ausgewachsener Körper ist 5 bis 7 Zentimeter groß und mein Schwanz noch einmal so lang.

Gewicht: Ich wiege 5 bis 7 Gramm.

Merkmale: Ich bin das kleinste Nagetier Europas. Mein Fell ist auf der Oberseite rotbraun, auf der Unterseite weiß. Mit meinem langen Schwanz kann ich mich an den Getreidehalmen festhalten.

Wissenschaftlicher Name:
Micromys minutus

Wachsende Winzlinge

Die kleinen Zwergmäuse kommen nackt und blind zur Welt und wiegen bei der Geburt nicht einmal ein Gramm. Die Muttermilch lässt sie jedoch schnell wachsen. Nach vier Tagen haben sie schon ein Fell und zwischen dem achten und zehnten Tag öffnen sie die Augen. In spätestens zwei Tagen verlassen sie zum ersten Mal das Nest. Wenn sie etwas mehr als zwei Wochen alt sind, hören sie auf an den Zitzen der Mutter zu saugen und suchen sich ihre Mahlzeiten selbst. Schon im Alter von fünf Wochen können die Jungen selbst Nachwuchs bekommen!

Die Zwergmaus hat zwei bis drei Würfe pro Jahr mit jeweils drei bis sieben Jungen.

Akrobaten im Feld

Die Zwergmaus ist so leicht, dass sie auf hohe Getreide- und Grashalme klettern kann, ohne sie abzuknicken. Geschickt rennt sie die Stängel hinauf und kopfüber wieder hinunter – eine wahre Akrobatin! Die Zwergmaus wickelt ihren langen Greifschwanz um die Halme, hält sich zusätzlich mit den Hinterbeinen fest und kann so die Vorderbeine frei bewegen. Mit diesen erntet sie Getreidesamen oder baut ihr kunstvolles Nest.

Die Zwergmaus hält sich mit ihrem Greifschwanz und den hinteren Greiffüßen fest und ergreift mit den Vorderbeinen den nächsten Stängel. Hopp! Schon ist sie drüben.

Immerzu fressen!

Die Zwergmaus ist fast ständig am Knabbern. Gras- und Getreidesamen, Beeren, Blütenknospen, Insekten und deren Larven – der Speiseplan des kleinen Nagers ist vielseitig. Für den Winter sucht sie sich ein nettes Plätzchen in einer Erdhöhle. Dort verkriecht sie sich und zehrt von den Vorräten, die sie rechtzeitig zusammengetragen hat. Die Zwergmaus hält keinen Winterschlaf.

Die Zwergmaus packt ihre Nahrung mit den Vorderfüßen. Die Greiffüße an den Hinterbeinen und der Greifschwanz halten sie im Gleichgewicht.

Beim Putzen feuchtet die Zwergmaus ihre Pfötchen an und fährt sich über Schnauze, Tasthaare und Augen sowie hinter beide Ohren. Sorgfältig schleckt sie das gesamte Fell.

Der junge Mäusebussard

Hoch oben auf dem Baumwipfel hat ein Bussardpaar sein Nest aus Ästen und Zweigen gebaut. Die Mulde ist mit Gräsern, Laub und Moos ausgepolstert. Darin liegen die Eier, die das Weibchen einen Monat lang gebrütet hat. Endlich picken die Küken ihre Schalen auf und schlüpfen. Mit ihrem weißen Daunenkleid sehen sie noch ganz anders aus als ihre Eltern. Die Mutter kuschelt sich ganz dicht an die Kleinen, damit sie es warm haben und vor Räubern geschützt sind. Unterdessen geht der Vater auf die Jagd. Wenn er zurückkommt, legt er die Beute auf den Nestrand. Das Bussardweibchen hält sie mit den Krallen fest, trennt mit dem Schnabel kleine Stücke ab und stopft sie in die weit aufgerissenen Schnäbel der hungrigen Jungvögel. Nach sechs Wochen verlassen die kleinen Bussarde das Nest.

Den Mäusebussard erkennst du an seinen „Hiäh"-Rufen.

Der Mäusebussard sucht sich für sein Nest Bäume am Waldrand aus. Von dort aus fliegt das Männchen über Felder, um Mäuse für seinen Nachwuchs zu fangen.

Wer bin ich?

Der Mäusebussard

Klasse:	Ich gehöre zur Klasse der Vögel und zur Ordnung der Greifvögel. Ich bin Fleischfresser.
Größe:	Ausgewachsen bin ich 51 bis 56 Zentimeter lang. Meine Flügelspannweite beträgt 1,20 bis 1,40 Meter.
Gewicht:	Ich wiege bis zu 1,20 Kilogramm.
Merkmale:	Meist ist meine Oberseite braun gefärbt. An der Unterseite bin ich hell mit viel Braun und Schwarz. Im Flug erkennt man meinen kurzen Hals, meine breiten Flügel und meinen kurzen, abgerundeten Schwanz.

Wissenschaftlicher Name:
Buteo buteo

Ein robuster Magen

Die Jungvögel haben einen Riesenappetit, sodass Mutter und Vater oft gemeinsam auf Beutefang gehen. Kleine Bussarde bekommen von Anfang an Fleisch zu fressen. So werden sie schnell groß und stark. Nach ein paar Wochen können sie mit ihrem Schnabel die Beute, die ihnen die Eltern bringen, schon selbst zerreißen. Mäusebussarde verschlingen alles – auch die Teile eines Tieres, die sie gar nicht verdauen können. Haare, Federn und Knochen werden im Magen zu kleinen Paketen geformt und am nächsten Tag wieder ausgewürgt. Man nennt diese Kugel aus unverdauten Resten Gewölle. An dem Gewölle kann man gut erkennen, was ein Mäusebussard in letzter Zeit gefressen hat.

Der kleine Bussard lagert seine Mahlzeit zuerst einmal in dem Kropf oberhalb der Brust, der dann anschwillt. Erst ein wenig später gelangt das Essen in den Magen und wird verdaut.

Das Männchen bringt zwar die erlegte Beute zum Nest, das Füttern aber übernimmt die Mutter. Das Weibchen stopft die Nahrung direkt in die Schnäbel der Jungen.

Raus aus dem Nest

Nach und nach verlieren die Nestlinge ihren weißen Flaum und bekommen richtige Federn, mit denen sie fliegen können. Mit etwa sechs Wochen verlassen sie das Nest. Ihre Eltern werden sie aber noch einige Zeit füttern. Die Jungvögel lernen nun zu fliegen und zu jagen. Mäusebussarde ernähren sich zum größten Teil von Mäusen, aber auch andere kleine Säugetiere wie Hasen gehören zu ihrer Beute. Die kleinen Bussarde sind nun nicht mehr im Wald, sondern auf den weiten Feldern zu Hause.

Könige der Lüfte

Der Mäusebussard ist ein recht schwerer Vogel. Um trotzdem ohne viel Anstrengung lang fliegen zu können, macht er sich die Strömungen der Luft zunutze. Mit der aufsteigenden Luft gewinnt er an Höhe, ohne seine Flügel zu bewegen. So kann er auf der Suche nach Beute stundenlang über den Feldern in der Luft kreisen. Erspäht er dort mit seinen scharfen Augen eine Maus, jagt er im Sturzflug zu Boden und packt sie.

Die breiten Flügel des Mäusebussards tragen ihn in der Luft.

Der Bussard tötet seine Beute mit den langen, spitzen Klauen. Mit seinem Schnabel zerteilt er das Fleisch.

Das kleine Wiesel

Gut geschützt unter einem dicken Baumstumpf hat ein Wieselweibchen ein behagliches Nest gebaut und sieben Junge geboren. Bei ihrer Geburt waren sie nackt, blind und winzig. Nun sind sie fünf Wochen alt, haben ihre Augen geöffnet und sind schon kräftig gewachsen. Noch werden sie von der Mutter gesäugt. Manchmal sind die Kleinen ganz wagemutig und rennen nach draußen, aber die Mutter holt sie sofort zurück ins Nest. Sie können es kaum erwarten, im Freien zu spielen, zu rennen, zu raufen und mit der Mutter auf die Jagd zu gehen.

Das Mauswiesel ist das kleinste Raubtier der Erde.

Das Wieseljunge verlässt immer häufiger das gut versteckte Nest. Im Alter von zwei Monaten kommt es ohne seine Mutter zurecht.

Wer bin ich?

Das Mauswiesel

Klasse: Ich gehöre zur Klasse der Säugetiere und bin Fleischfresser.

Größe: Ausgewachsene Weibchen messen bis zu 20 Zentimeter, Männchen bis zu 26 Zentimeter.

Gewicht: Weibchen wiegen bis zu 120 Gramm und Männchen bis zu 250 Gramm.

Merkmale: Mein Fell ist auf der Oberseite braun bis sandgelb, auf der Unterseite weiß. Ich habe einen schlanken Körper und kurze, dünne Beine.

Wissenschaftlicher Name:
Mustela nivalis

Lebende Beute

Junge Wiesel werden von ihrer Mutter ungefähr zwei Monate lang gesäugt. Schon mit drei Wochen, noch bevor sie die Augen öffnen, fressen sie das erste Mal von dem Fleisch, das ihnen die Mutter bringt. Bald schleppt das Weibchen lebende Beute ins Nest. Die Kleinen sollen üben, sie zu töten. Meist sind es Spitzmäuse, aber auch kleine Eidechsen und Frösche. Die Mauswiesel ernähren sich nur von Fleisch und müssen deshalb früh lernen, wie man lebende Beute fängt.

Wiesel sind bei der Geburt winzig und wiegen kaum 2 Gramm.

Auf Beutefang

Sobald sie groß genug sind, folgen die Jungen ihrer Mutter auf die Jagd. Sie schlüpfen in Erdspalten, Höhlen und Mauselöcher. Auch das leiseste Geräusch entgeht ihren guten Ohren nicht: Das Trippeln einer Maus oder das Piepsen eines Vogels hören sie sofort. Sie können die Spur eines Beutetiers auch mit ihrem ausgeprägten Geruchssinn aufnehmen. Wenn sie sich ganz nah an ihre Beute herangeschlichen haben, machen sie einen Satz und töten das Opfer mit einem schnellen Biss in den Nacken oder Kopf.

Wiesel können auf Bäume klettern, um Vögel zu fangen oder deren Eier aus dem Nest zu holen.

Manchmal sagt man, jemand ist „flink wie ein Wiesel". Das kommt daher, dass die kleinen Tiere ganz schnell und wendig selbst in kleinste Löcher huschen können.

Ein gut markiertes Revier

Auf Hinterbeine und Schwanz gestützt reckt sich das Wiesel kerzengerade in die Höhe und beobachtet die Umgebung.

Mit etwas mehr als zwei Monaten brauchen die jungen Wiesel ihre Mutter nicht mehr. Jedes Jungtier macht sich auf den Weg, um ein eigenes Revier zu erobern. Das Wiesel markiert die Grenzen seines Gebiets mit einer scharf riechenden Flüssigkeit, die es aus einer Drüse unter dem Schwanz ausstößt. Es steuert immer wieder dieselben Punkte an und reibt sein Hinterteil an Steinen und Baumwurzeln. Auf diese Weise entsteht ein Netz von Wegen, in dem es sich bestens zurechtfindet.

Die kleinen Mauswiesel können bereits mit vier Monaten selbst Nachwuchs zeugen. In seinem Revier legt das Weibchen dann ein eigenes Nest an, in dem es seine Jungen aufziehen wird.

Tierquiz

Ob Reh, Fuchs, Schwalbe, Igel oder Ringelnatter – in diesem Buch hast du viel über die Tiere unserer Heimat und ihre Jungen erfahren. Mit diesem Quiz kannst du herausfinden, woran du dich erinnerst. Wenn du etwas nicht weißt, schau in dem Kapitel über das Tierkind nach. Die Lösungen findest du auf Seite 68.

Das Kaninchen

Wo verbringen kleine Wildkaninchen ihre ersten Wochen?

a) Im Stall
b) Im Bau
c) Im Nest

Kann das Kaninchen sofort nach seiner Geburt sehen?

a) Ja, es kann schon sehen.
b) Nein, es ist noch blind.
c) Ja, aber nur schwarz und weiß

Die Biene

Wie trägt die Biene den Blütenstaub zu ihrem Stock?

a) An den Vorderbeinen
b) Im Kropf
c) In Körbchen an den Hinterbeinen

Woraus stellt die Biene Honig her?

a) Aus Blütennektar
b) Aus Blütenblättern
c) Aus Blütenstaub

Der Stieglitz

Woraus baut der Stieglitz sein Nest?

a) Aus Zweigen
b) Aus Lehm und Stroh
c) Aus Gras, Moos und Flechten

Wie nennt man es, wenn die jungen Stieglitze ihr erwachsenes Gefieder bekommen?

a) Jugendmauser
b) Jugendhäutung
c) Jugendfederung

Das Reh

Wie verbringt das Rehkitz die ersten Tage seines Lebens?

a) Es bleibt ganz nah bei seiner Mutter.
b) Es liegt allein und gut versteckt im Gras.
c) Es bleibt ganz nah bei seinen Geschwistern.

Wie nennt man die weißen Tupfen auf dem Fell des Rehkitzes?

a) Baby-Flecken
b) Kitz-Punkte
c) Bambi-Flecken

Der Marienkäfer

Was ist die Puppe des Marienkäfers?

a) Sein Spielzeug
b) Die Hülle der Larve
c) Sein Panzer

Was frisst die Marienkäferpuppe?

a) Sie frisst Blattläuse.
b) Sie frisst überhaupt nicht.
c) Sie frisst Blütennektar.

Die Schwalbe

Wie ermuntern Schwalben ihre Jungen zu ihrem ersten Flug?

a) Sie stoßen sie aus dem Nest.
b) Sie locken sie mit einem Insekt im Schnabel.
c) Sie fliegen laut schreiend um das Nest.

Werden junge Schwalben noch gefüttert, wenn sie das Nest bereits verlassen haben?

a) Ja, sie werden noch etwa zehn Tage gefüttert.
b) Nein, sie versorgen sich sofort selbst.
c) Ja, ihre Eltern suchen noch ein Jahr lang mit ihnen nach Nahrung.

Der Fuchs

Welche Farbe hat das Fell neugeborener Fuchswelpen?

a) mausgrau
b) rostrot
c) schwarz

Wie jagen ausgewachsene Füchse?

a) In großen Gruppen
b) Zu zweit
c) Allein

Die Kröte

Wie heißt die Verwandlung von der Kaulquappe zur Kröte?

a) Häutung
b) Metamorphose
c) Verpuppung

Wie atmet die Kaulquappe?

a) Sie hat Kiemen.
b) Sie taucht auf.
c) Sie atmet gar nicht.

Der Igel

Was machen Igel im Winter?

a) Sie bekommen ihre Jungen.
b) Sie halten Winterschlaf.
c) Sie verlieren ihre Stacheln.

Wo hat der erwachsene Igel Stacheln?

a) Am ganzen Körper bis auf den Bauch
b) Am ganzen Körper
c) Am ganzen Körper bis auf Bauch, Beine und Kopf

Der Schmetterling

Zu welcher Tierklasse gehört der Schmetterling?

a) Säugetiere
b) Reptilien
c) Insekten

Woraus schlüpfen die Raupen?

a) Aus den Eiern
b) Aus der Puppe
c) Aus der Larve

Das Rebhuhn

Wo brütet das Rebhuhn?

a) Auf dem Boden
b) Im Baum
c) Zwischen Getreidehalmen

Warum sind Rebhühner Nestflüchter?

a) Weil die Eltern die Kleinen im Nest allein lassen.
b) Weil die Jungen direkt nach dem Schlüpfen das Nest verlassen.
c) Weil Rebhühner bei Gefahr mit ihrem gesamten Nest flüchten.

Die Ringelnatter

Mit was bricht die kleine Ringelnatter ihr Ei auf?

a) Mit ihrem ganzen Körper
b) Mit ihrer Zunge
c) Mit ihrem Eizahn

Warum ist die junge Ringelnatter viel am Wasser?

a) Weil sie viel trinken muss.
b) Weil sie dort viele Larven und Kaulquappen findet.
c) Weil sie dort vor ihren Feinden sicher ist.

Die Zwergmaus

Wo baut die Zwergmaus ihr Nest?

a) In der Erde
b) Auf einer Wiese
c) Zwischen Getreidehalmen

Ab wann können sich junge Zwergmäuse selbst versorgen?

a) Mit zwei Wochen
b) Mit einem Monat
c) Mit zwei Monaten

Der Bussard

Was fressen junge Bussarde?

a) Baumteile
b) Fleisch
c) Insekten

Wie heißt das Gefieder der kleinen Vögel?

a) Flaum
b) Fell
c) Frischfedern

Das Wiesel

Wie viel wiegen Wiesel bei der Geburt?

a) Etwas mehr als 5 Gramm
b) Kaum 2 Gramm
c) Genau 3 Gramm

Zu welcher Tierordnung gehört das Wiesel?

a) Zu den Insektenfressern
b) Zu den Allesfressern
c) Zu den Fleischfressern

Die richtigen Antworten

Das Kaninchen

b) Kaninchen verbringen ihre ersten Wochen im Bau.

b) Kaninchen sind bei der Geburt noch blind.

Die Biene

c) Die Biene transportiert den Blütenstaub in Körbchen an den Hinterbeinen.

a) Die Biene stellt den Honig aus Blütennektar her.

Der Stieglitz

c) Der Stieglitz verwendet für den Nestbau Gras, Moos und Flechten.

a) Man nennt es Jugendmauser, wenn die Jungvögel ihre Flaumfedern verlieren.

Das Reh

b) Seine ersten Lebenstage verbringt das Rehkitz allein und gut versteckt im Gras.

c) Man nennt die weißen Tupfen auch „Bambi-Flecken".

Der Marienkäfer

b) Die Puppe ist die Hülle, die die Larve bildet.

b) Die Marienkäferpuppe frisst nicht.

Die Schwalbe

c) Schwalben ermuntern ihre Jungen zu ihrem ersten Flugversuch, indem sie schreiend um sie herumfliegen.

a) Die Jungvögel werden noch etwa zehn Tage von ihren Eltern gefüttert.

Der Fuchs

a) Fuchswelpen haben bei der Geburt ein mausgraues Fell.

c) Erwachsene Füchse jagen immer allein.

Die Kröte

b) Die Verwandlung einer Kaulquappe zur Kröte nennt man Metamorphose.

a) Die Kaulquappe atmet über Kiemen.

Der Igel

b) Im Winter halten Igel Winterschlaf.

c) Der erwachsene Igel hat am ganzen Körper bis auf die Beine, den Bauch und den Kopf Stacheln.

Der Schmetterling

c) Der Schmetterling gehört zur Tierklasse der Insekten.

a) Die Raupen schlüpfen aus den Eiern.

Das Rebhuhn

a) Das Rebhuhn brütet am Boden.

b) Rebhühner heißen Nestflüchter, weil die Jungen direkt nach dem Schlüpfen aus dem Nest laufen.

Die Ringelnatter

c) Die Ringelnatter bricht mit ihrem Eizahn das Ei auf.

b) Am Wasser kann die Ringelnatter Larven und Kaulquappen jagen.

Die Zwergmaus

c) Die Zwergmaus baut ihr Nest zwischen Getreidehalmen.

a) Im Alter von zwei Wochen können sich Zwergmäuse selbst versorgen.

Der Bussard

b) Junge Bussarde ernähren sich von Fleisch.

a) Das Gefieder der jungen Vögel nennt man Flaum.

Das Wiesel

b) Wiesel wiegen bei der Geburt kaum 2 Gramm.

c) Wiesel sind Fleischfresser.

Glossar

Amphibien
Tiere mit meist vier Beinen und weicher Haut ohne Schuppen. Sie atmen hauptsächlich über die Haut und nur wenig über die Lunge. Amphibien „trinken" auch durch die Haut. Sie sind räuberische Tiere, die sich von Insekten und anderen kleinen Lebewesen ernähren.

Beutetier
Ein Tier, das einem anderen Tier als Nahrung dient. Kaninchen und Rebhühner sind zum Beispiel Beutetiere des Bussards.

Deckflügel
Harte Flügel einiger Insekten, die auf die empfindlicheren Flügel darunter geklappt werden, wenn das Insekt ruht. Der Marienkäfer hat Deckflügel.

Drüse
Kleines Organ, das einen bestimmten Körperstoff herstellt, zum Beispiel Schweiß. Aus den Drüsen des Mauswiesels kommt eine Flüssigkeit, mit der er sein Revier markiert.

Fleischfresser
Ein Tier, das sich fast ausnahmslos von Fleisch ernährt. Wiesel und Bussard sind Fleischfresser.

Fühler
Mit den Fühlern nehmen Insekten ihre Umwelt wahr. Mit ihrer Hilfe können sie riechen, tasten und die Temperatur fühlen.

Häutung
Bei der Häutung streift das Tier seine Haut komplett ab. Schlangen wie die Ringelnatter müssen sich häuten, um zu wachsen.

Insekt
Kleines Tier, dessen Körper in Kopf, Brust und Hinterleib unterteilt ist. Es hat sechs Beine, zwei Antennen und mindestens ein Paar Flügel. Biene, Schmetterling und Marienkäfer gehören zur Klasse der Insekten.

Insektenfresser
Ein Tier, das sich hauptsächlich von Insekten ernährt. Igel, Schwalbe und Kröte sind Insektenfresser.

Larve
Der erste Lebensabschnitt der Tiere, die aus einem Ei schlüpfen und durch Metamorphose erwachsen werden. Insekten wie Biene, Marienkäfer und Schmetterling, aber auch Amphibien wie die Kröte wachsen aus Larven heran.

Metamorphose
Metamorphose bedeutet Verwandlung. Viele Tiere durch-

laufen während ihrer Entwicklung zum fertigen Lebewesen eine Metamorphose. Sie bilden Larven und verändern ihr Aussehen einmal oder mehrmals.

Pflanzenfresser
Ein Tier, das sich hauptsächlich von Gras und anderen Pflanzen ernährt. Reh und Kaninchen sind Pflanzenfresser.

Puppe
Die zweite Stufe der Verwandlung im Leben eines Insekts nach der Larve. Aus der Puppe schlüpft das erwachsene Tier.

Raubtier
Eine Gruppe der Säugetiere, die andere Tiere jagt und tötet, um zu überleben. Wiesel sind Raubtiere.

Revier
Ein Gebiet, das ein Tier in Besitz nimmt und gegen Artgenossen verteidigt.

Reptil
Kurzbeiniges Tier oder Kriechtier ohne Beine. Manche Reptilien wie die Ringelnatter haben eine schuppige Haut, andere wie die Schildkröte tragen einen harten Panzer.

Säugetier
Ein Tier, das seine Jungen mit Muttermilch säugt. Reh, Kaninchen, Igel, Zwergmaus und Wiesel sind Säugetiere.

Schuppen
Kleine Plättchen aus Horn, aus denen sich die Haut von Reptilien aufbaut. Auch unsere Fingernägel bestehen aus Horn.

Überwinterung
Manche Tiere verkriechen sich in der kalten Jahreszeit in einem Unterschlupf, dösen und nehmen wenig oder gar keine Nahrung auf. Ringelnatter, Eidechse und Kröte überwintern.

Waben
Der Bau von Bienen, den sie aus Wachs herstellen. Bienen haben dreierlei Waben: In den einen wachsen ihre Larven heran, in den anderen speichern die Bienen Honig und in den dritten bewahren sie Blütenstaub auf.

Winterschlaf
Manche Säugetiere halten Winterschlaf. Sie fressen sich vor Einbruch der Kälte große Fettreserven an, suchen sich ein sicheres Plätzchen und fallen dort in einen tiefen Schlaf. Ihre Körpertemperatur sinkt, ihre Atmung und ihr Herzschlag werden deutlich langsamer. Igel halten Winterschlaf.

Wurf
Alle Tierjungen, die gleichzeitig von einem Weibchen geboren werden.

Bildnachweis

Sunset: H. Reinhard: S. 31o, S. 37u; Tony: 43o; J. J Cournut: S. 4–5; NHPA/ M. Danegger: S. 6, S. 21o, S. 21u; D. Bringard: S. 10, 11u; NHPA: S. 13o, S. 52ur; FLPA: S. 14, S. 47o, S. 56u; Juniors Bildarchiv: S. 15o, S. 17ol, S. 22, S. 23o, S. 34o, S. 36ul, S. 48o, S. 49o; G. Lacz: S. 15u, S. 31u, S. 35u, S. 61o, S. 62, S. 63u; NHPA/ D. Watts: S. 19u; NHPA/G. Edwardes: S. 21o; P. Lorne: S. 23u, S. 24o; NHPA/N.A. Callow: S. 24ur; D. Delfino: S. 26, S. 28o, S. 28u; M. Hamblin: S. 29o; NHPA/L. Campbell: S. 29u, S. 57o; Sunset/Alaska Stock: S. 30; Silvestris: S. 35o; R. Maier: S. 38; NHPA/S. Dalton: S. 42, S. 55u; P. Bhanchot: S. 44ol; E. Boyard: S. 45u; NHPA/J. Blossom: S. 46, S. 56o; FLPA/G.K. Smith: S. 49u; Weiss: S. 50, S. 54; FLPA/D. Middleton: S. 51u; G. Bertran: S. 60u; J. De Meester: S. 63o; **Bios:** C. Ruoso: S. 7o; Cl. Thiriet: S. 24ul; R. Eritja: S. 25; C. Cavignaux: S. 32o; Fr. Renard: S. 32u; **Hachette photo.com:** Kennan Ward/ Imagestate/GHFP: Umschlagfoto Vorderseite; NPL/ TJ Rich: S. 19o; NPL/B. Castelain: S. 59o; Imagestate/GHFP/M. Ruegner: S. 13, S. 39o; S. 39u; Jacana/ S. Cordier: S. 17or, S. 37; Jacana/ M. Danegger: S. 18, S. 64l; Hoaqui/M. Rugner: S. 20u; NPL: S. Knell: S. 27o; NPL/R. Hoddinott: S. 27u; G. Simpson: S. 41u; Jacana/M. Bailleau: S. 40u; NPL/J. Burton: S. 41o; NPL/I. Andt: S. 40o; NPL/H.C. Kappel: S. 43u; Jacana/C.M. Bahr: S. 45o; NPL/D. Kjaer: S. 47u, S. 58, S. 59u; Jacana/S. Cordier: S. 53, S. 57u; NPL/ Dietmar Nill: S. 60o; NPL/Niall Bernie: S. 61u; Jacana/ R. Dulhoste: S. 64o; NPL/D. Tipling: S. 65o; NPL/Xi Zhi Nong: S. 65u; **Colibri:** A.M. Loubsens: S. 7u, S. 8o, S. 8u, S. 9o, S. 9u, S. 48u, S.51o, S. 54o; JY. Lavergne: S. 16o; P. Cea: S. 16u; JM. Prévot: S. 34, S. 36ur; F. Delamare: S. 36o; S. Bedjai: S. 44ur, S. Cordier: S. 52ul; **Fotolia:** M. Wagner : S. 11o ; C. Calcagno: S. 12u, S. 12ol; L. Robert: S. 52o

(o = oben; u = unten; m = Mitte; l = links; r = rechts; ol = oben links; or = oben rechts; ul = unten links; ur = unten rechts)

Bibliografische Information der Deutschen Nationalbibliothek

Die Deutsche Nationalbibliothek verzeichnet diese Publikation in der Deutschen Nationalbibliografie; detaillierte bibliografische Daten sind im Internet über **http://dnb.d-nb.de** abrufbar.

3 2   11 10

© 2009 Ravensburger Buchverlag Otto Maier GmbH
Postfach 1860, 88188 Ravensburg
für die deutsche Ausgabe
Alle Rechte, auch die des auszugsweisen Nachdrucks, der fotomechanischen Wiedergabe und der Übersetzung, vorbehalten
Titel der Originalausgabe: Les petits d'animaux de la campagne
© 2007 Mango Jeunesse, 15-27 rue Moussorgski, 75018 Paris, Frankreich, www.editions-mango.com
Text: Colette Barbé-Julien
Übersetzung aus dem Französischen: Hannelore Leck-Frommknecht
Redaktion: Yvonne Stein
ISBN 978-3-473-55241-2

www.ravensburger.de